Taith Iaith Eto 5

Llyfr Gweithgareddau
(Llawlyfr ar gyfer athrawon)

Golygydd
Non ap Emlyn

Cydnabyddiaeth

(h) Prifysgol Aberystwyth 2008 ©
Mae hawlfraint ar y deunyddiau hyn ac ni ellir eu hatgynhyrchu na'u cyhoeddi heb ganiatâd perchennog yr hawlfraint.

Cyhoeddwyd gan y Ganolfan Astudiaethau Addysg, Yr Hen Goleg, Prifysgol Aberystwyth.
Noddwyd gan Lywodraeth Cynulliad Cymru.

Gwefan: www.caa.aber.ac.uk

ISBN 978-1-84521-271-1

Awduron gwreiddiol y gwelir eu gwaith yn *Taith Iaith 5: Non ap Emlyn, Rhiannon Packer, Elen Roberts*
Golygwyd ac addaswyd gan *Non ap Emlyn*
Dylunydd: *Andrew Gaunt*
Cynllun y Clawr: *Andrew Gaunt*
Paratoi'r deunydd ar gyfer y wasg: *Eirian Jones*

Diolch i aelodau'r Grŵp Monitro am eu cyngor gwerthfawr: *Aletia Messham, Angharad Morgan, Dafydd Roberts a Lisa Williams*

Argraffwyr: *Gwasg Gomer, Llandysul*

Cynnwys

I'r tiwtor iv

1. Bobl Bach! 1

2. Gwaith ... Gwaith ... Gwaith 9

3. Pethau Pwysig? 13

I'r tiwtor

Mae'r Llyfr Gweithgareddau hwn yn cyd-fynd â'r Llyfr Cwrs, *Taith Iaith Eto 5*, y cryno ddisg a'r wefan (www.caa.aber.ac.uk).

Cynnwys y Llyfr Gweithgareddau

Mae'r Llyfr Gweithgareddau yn cynnwys nifer o weithgareddau sy'n ymarfer, yn cadarnhau ac yn datblygu'r iaith sy'n cael ei chyflwyno yn y Llyfr Cwrs. Gan fod pob uned o'r Llyfr Cwrs yn adolygu ac yn datblygu'r iaith sydd wedi ei chyflwyno mewn unedau blaenorol, mae'r Llyfr Gweithgareddau hefyd yn adolygu eitemau iaith a geirfa sydd wedi eu cyflwyno mewn unedau blaenorol, fel bod yr iaith yn cael ei chadarnhau a'i datblygu yn gyson drwy'r cwrs. Gellir dewis y gweithgareddau mwyaf addas a'u haddasu a'u datblygu yn unol â gofynion dosbarthiadau penodol. Yr hyn sy'n bwysig yw bod tiwtoriaid yn gwneud y defnydd gorau ohonynt yn eu sefyllfaoedd nhw eu hunain.

Y cysylltiad â'r wefan

Er mwyn medru gwneud rhai o'r gweithgareddau, bydd angen cael copïau o gridiau a thaflenni o'r we a gellir llungopïo'r rhain.

Y cryno ddisg

Mae pob uned yn cynnwys gweithgareddau gwrando ac mae'r darnau perthnasol i'w clywed ar y cryno ddisg. Mae sgriptiau'r darnau hyn i'w gweld ar y we.

Technoleg gwybodaeth

Dylid annog disgyblion i ddefnyddio technoleg gwybodaeth gymaint â phosibl drwy gydol y gwaith, e.e. wrth chwilio am wybodaeth, wrth gyflwyno gwaith ac ati.

Ysgrifennu llythyrau

Mae nifer o weithgareddau lle mae disgwyl i ddisgyblion ysgrifennu llythyrau ac mae enghreifftiau o fformatau llythyrau i'w gweld hwnt ac yma. Fodd bynnag, dylai tiwtoriaid gadw at y fformatau y mae'r ysgol yn eu defnyddio os ydynt yn wahanol i'r hyn sydd yn y llyfr hwn er mwyn sicrhau bod y gwaith yn gyson â gwaith sy'n cael ei wneud mewn pynciau eraill.

Tystysgrif Lefel Mynediad

Mae'r gwaith yn ymwneud â'r cyd-destunau a nodir yn y fanyleb ar gyfer Tystysgrif Lefel Mynediad. Mae'n cynnwys enghreifftiau o rai o'r dulliau asesu a nodir ar gyfer y Dystysgrif honno hefyd.

Gobeithio y bydd yr amryw weithgareddau yn fodd i atgyfnerthu'r iaith a gyflwynir yn y Llyfr Cwrs mewn modd diddorol, priodol ac y bydd disgyblion yn cael budd o'u gwneud.

Non ap Emlyn
Mai 2008

1. Bobl Bach!

SYLWER: Ceir yn yr uned yma lawer o weithgareddau sy'n adolygu patrymau a geirfa sy wedi eu cyflwyno eisoes yn *Taith Iaith Eto 1-4*.

Yn ogystal â'r gweithgareddau isod, gellir ailymweld â rhai gweithgareddau *Taith Iaith Eto 1-4* er mwyn adolygu'n drwyadl.

1. Beth i wisgo - Bobl bach! - gwaith unigol

Rhaid cael taflen o'r we.
Rhaid ysgrifennu cymaint o eiriau Cymraeg am ddillad â phosib.

→ **TAITH IAITH ETO 1, TUD. 48**
→ **TAITH IAITH ETO 4, TUD. 30**

2. Beth wyt ti'n hoffi wisgo? - gwaith grŵp

Rhaid cael taflen o'r we.
Rhaid gofyn ac ateb y cwestiynau er mwyn llenwi'r holiadur.

Byddai'r gweithgaredd yma'n gyfle da i adolygu lliwiau (ac efallai ansoddeiriau eraill).

3. Gwisg ysgol - gwaith unigol

Rhaid cael taflen o'r we.
a. Rhaid ticio'r eitemau perthnasol a nodi lliwiau'r eitemau.
b. Ar ddarn o bapur, rhaid ysgrifennu am y wisg ysgol.

4. Bwyd blasus? - gwaith grŵp

a. Mewn grŵp, rhaid i'r disgyblion restru cymaint o eiriau Cymraeg am fwyd â phosib. Gellid gosod cystadleuaeth er mwyn gweld pa grŵp sy'n gallu creu'r rhestr hiraf.
b. Rhaid cymharu rhestri.
c. Gellid cyfuno eitemau ar y rhestri, e.e.

brechdan		
pizza	>	brechdan caws a ham
ham	>	pizza caws, tomato a ham
caws		
tomato		
ac ati		

ch. Gellid cymharu syniadau.

d. Gellid symud ymlaen i drafod y cwestiynau canlynol mewn grŵp:
- Pa fath o fwyd ydych chi'n hoffi?

Rydw i'n hoffi ... yn fawr.

Rydw i wrth fy modd yn bwyta ...

Rydw i wrth fy modd gyda / efo ...

Fy hoff fwyd i ydy ...

1

- Ble ydych chi'n cael y bwyd yma fel arfer?

- Pa fath o fwyd dydych chi ddim yn hoffi?

5. Beth wyt ti'n fwyta? - gwaith grŵp

Rhaid cael taflen o'r we.
Rhaid gofyn ac ateb y cwestiynau er mwyn llenwi'r holiadur.

6. Bwyta yn yr ysgol - gwaith unigol > gwaith pâr

Rhaid cael taflen o'r we.

a. Rhaid gwneud bwydlen i ddangos pa fath o fwyd mae'r ystafell fwyta yn yr ysgol yn ei ddarparu neu fwydlen yn dangos pa fath o frechdanau y gellir eu gwneud.
b. Rhaid i'r disgyblion nodi beth maen nhw'n ei fwyta fel arfer.
c. Rhaid holi ei gilydd.
ch. Rhaid cofnodi'r ateb.

7. Yn yr ystafell fwyta - gwaith pâr

a. Rhaid darllen y sgwrs yn y Llyfr Cwrs.

→ **TAITH IAITH ETO 5, TUD. 5**

b. Rhaid newid y sgwrs drwy newid y geiriau sy wedi eu tanlinellu, neu gellid gwneud sgwrs hollol newydd. Gellid defnyddio'r bwydlenni mae'r disgyblion wedi eu creu yng **Ngweithgaredd 6**.

Rhaid gwneud hyn ddwy waith fel bod y ddau ddisgybl yn cael cyfle i chwarae rhan y ferch a'r cogydd.

8. Brechdanau - gwaith pâr

a. Rhaid gwneud rhestr o wahanol fathau o frechdanau. Gorau oll os gellir gwneud rhai 'rhyfedd' neu rai 'gwahanol'.
b. Rhaid trafod pa fath o frechdanau mae'r pâr yn hoffi.
c. Rhaid darllen y sgwrs yn y Llyfr Cwrs.

→ **TAITH IAITH ETO 5, TUD. 5**

ch. Rhaid newid y sgwrs drwy newid y geiriau sy wedi eu tanlinellu, neu gellid gwneud sgwrs hollol newydd.
Rhaid gwneud hyn ddwy waith fel bod y ddau ddisgybl yn cael cyfle i chwarae rhan y tad a'r bachgen.

SYLWER: Mae Gweithgareddau 9-10 yn ymwneud â bwyta'n iach.
Ceir mwy o waith ar y thema yma yn *Taith Iaith Eto 3*.

→ **TAITH IAITH ETO 3, TUD. 26-27**

9. Bwyta'n iach - gwaith unigol

Rhaid cael taflen o'r we.
- a. Rhaid labelu'r lluniau yn Gymraeg.
- b. Rhaid chwilio am y geiriau yn y chwilair.
- c. Rhaid ysgrifennu'r geiriau yn y grid - o dan **Bwyd iach / Bwyd afiach**.
- ch. Rhaid nodi pa rai o'r bwydydd yma mae'r disgybl yn eu bwyta'n aml, a rhaid penderfynu, ar sail hynny ...
- d. ... ydy'r disgybl yn bwyta'n iach neu beidio.

10. Bwyta'n iach: holiadur - gwaith unigol > gwaith pâr

Rhaid cael taflen o'r we, y cryno ddisg a'r peiriant chwarae cryno ddisgiau neu gyfrifiadur.
Rhaid egluro'r sefyllfa. Mae athro'n siarad â Lynette yn yr ystafell fwyta yn yr ysgol.
- a. Rhaid gwrando ar y cryno ddisg.
- b. Rhaid ticio'r bwydydd sy'n cael eu henwi yn y sgwrs.
- c. Rhaid penderfynu ydy Lynette yn bwyta'n iach neu beidio.
- ch. Rhaid argraffu'r sgwrs a'i darllen fel y mae i ddechrau. Yna, rhaid newid y geiriau sy wedi eu tanlinellu fel bod y disgyblion yn creu sgyrsiau newydd.

11. Bwyta allan - gwaith unigol > gwaith pâr

- a. Rhaid darllen y sgwrs yn y Llyfr Cwrs - y sgwrs mewn gwesty smart. Rhaid ei darllen fel y mae i ddechrau ond wedyn rhaid ei haddasu drwy newid y geiriau sy wedi eu tanlinellu.

→ **TAITH IAITH ETO 5, TUD. 8**

- b. Rhaid darllen yr ail sgwrs yn y Llyfr Cwrs - y sgwrs mewn caffi. Rhaid ei darllen fel y mae i ddechrau ond wedyn rhaid ei haddasu drwy newid y geiriau sy wedi eu tanlinellu.

→ **TAITH IAITH ETO 5, TUD. 9**

- c. Rhaid llunio bwydlenni newydd - naill ai ar gyfer gwesty smart neu gaffi a rhaid chwarae rôl cwsmer / gweinydd gan ddefnyddio'r bwydlenni newydd.

12. Ble wyt ti'n byw? - gwaith grŵp

Rhaid cael taflen o'r we.
Rhaid gofyn ac ateb y cwestiynau er mwyn llenwi'r holiadur.
Yn ogystal â chyfeirio at y math o dŷ, mae'r daflen yn adolygu:
> **Ble yn union wyt ti'n byw?**
> neu
> **Beth ydy dy gyfeiriad di?**

13. Ein cartref ni - gwaith unigol

Rhaid cael taflen o'r we.
- a. Rhaid ticio'r bocsys i ddangos pa ystafelloedd sy yn y cartref.
- b. Rhaid ysgrifennu nifer yr ystafelloedd yn y cartref.
- c. Rhaid ysgrifennu disgrifiad byr o'r cartref.

3

14. Cartref ar werth - gwaith unigol

Rhaid cael taflen o'r we.
Rhaid egluro'r sefyllfa - mae'r disgybl yn gweithio i asiantaeth dai ac mae'n paratoi manylion gwerthu ar gyfer ei gartref ei hun neu gartref dychmygol arall.
Rhaid llenwi'r daflen ar y we.

15. Byw yn Sbaen - gwaith unigol

Rhaid cael taflen o'r we.

a. Rhaid darllen y darn yn y Llyfr Cwrs.

→ **TAITH IAITH ETO 5, TUD. 13**

b. Rhaid ticio'r atebion cywir.

16. Ystafell wely - gwaith grŵp > gwaith unigol > gwaith pâr

Rhaid cael taflen o'r we.
Yn gyntaf, fel grŵp, rhaid rhestru cymaint o bethau â phosib sy mewn ystafell wely fel arfer.
Gellid gosod cystadleuaeth yma er mwyn gweld pa grŵp sy'n gallu gwneud y rhestr hiraf.
Rhaid cymharu rhestri.

a. Ar daflen **Gweithgaredd 16**, rhaid llenwi'r bylchau er mwyn ysgrifennu disgrifiad o'r ystafell wely.
b. Rhaid siarad â phartner am yr ystafell wely.
c. Rhaid ysgrifennu am ystafell wely'r partner.

17. Makeover - gwaith unigol

Rhaid cael taflen o'r we.
Rhaid egluro cyd-destun y gweithgaredd, sef cyfeirio at raglenni *makeover* ar y teledu, egluro bod hysbyseb wedi ymddangos yn y papur newydd lleol am *makeover* a bod y disgyblion yn mynd i ymateb i'r hysbyseb.

a. Rhaid darllen yr hysbyseb.
b. Rhaid ysgrifennu llythyr at y cwmni'n disgrifio'r ystafell wely ac yn dweud pa fath o ystafell wely hoffai'r disgyblion gael.
   Rhaid adolygu'r patrwm:
   Hoffwn i ...
c. Gallai disgyblion gymharu syniadau.

18. Y cwmni teledu - gwaith unigol

Rhaid cael taflen o'r we, y cryno ddisg a'r peiriant chwarae cryno ddisgiau neu gyfrifiadur.
Rhaid egluro'r sefyllfa. Mae'r cwmni teledu'n ffonio merch ifanc am y *makeover*.
a. Rhaid gwrando ar y cryno ddisg.
b. Rhaid ysgrifennu'r manylion am Siân a'i hystafell.
c. Rhaid llenwi'r ffurflen.

19. Bobl bach! - gwaith unigol > gwaith pâr

Rhaid cael taflenni o'r we.
Rhaid egluro'r cyd-destun, sef bod y disgyblion yn mynd i edrych ar ddau lun gwahanol o ystafell wely. Rhaid i'r disgyblion edrych ar y lluniau.
Rhaid i **Bartner 1** edrych ar daflen **Gweithgaredd 19 - Partner 1**.
Rhaid i **Bartner 2** edrych ar daflen **Gweithgaredd 19 - Partner 2**.

a. Rhaid disgrifio'r ystafelloedd yn y grid.
b. Rhaid disgrifio'r ystafelloedd i'w gilydd a rhaid cofnodi'r wybodaeth am yr ystafelloedd yn y grid.

20. Beth mae dy ystafell wely di'n ddweud amdanat ti?

Rhaid cael taflen o'r we.
Rhaid ticio'r atebion priodol er mwyn gweld beth mae'r ystafell wely'n ei ddweud am y disgybl.

21. Yn Japan - faint wyt ti'n gofio? - gwaith unigol

a. Rhaid darllen y darn am fyw yn Japan yn y Llyfr Cwrs.

→ **TAITH IAITH ETO 5, TUD. 14**

b. Rhaid rhoi ✓ (Cywir) neu ✗ (Anghywir) yn y grid.
c. Rhaid cymharu bywyd y disgybl â bywyd yn Japan drwy lenwi'r bylchau.

22. Yn Japan - faint wyt ti'n gofio?

a. Gellid mynd ati i ddarllen am gartrefi diddorol eraill yn y llyfrau *Adeiladau*, cyfres Mater o Ffaith, CBAC.
b. Gellid cymharu'r tai a'r cartrefi yna gyda chartrefi'r disgyblion, e.e.

Yn ... mae ... ond yn fy nghartref i, mae ...

23. Robotiaid - gwaith grŵp

Rhaid cyfeirio at y darn am robotiaid yn y Llyfr Cwrs.

→ **TAITH IAITH ETO 5, TUD. 15**

Rhaid cyfeirio at y ffaith fod robotiaid yn gallu helpu o gwmpas y tŷ.
Rhaid trafod sut mae'r disgyblion eu hunain yn helpu o gwmpas y tŷ.
Er mwyn gwneud hyn, bydd angen cyflwyno / adolygu'r eirfa ganlynol - neu unrhyw eirfa y bydd y disgyblion ei angen.

helpu	(to) help	tacluso	(to) tidy up
helpu gyda'r bwyd	(to) help with the food	hwfro	(to) hoover
coginio	(to) cook	golchi'r car	(to) wash the car
gosod y bwrdd	(to) lay the table	garddio	(to) do the garden
clirio'r bwrdd	(to) clear the table	gwarchod	(to) babysit
golchi'r llestri	(to) wash the dishes		
sychu'r llestri	(to) dry the dishes		

Wyt ti'n helpu yn y tŷ weithiau?

**Rydw i'n helpu gyda'r ... weithiau.
Rydw i'n helpu i ... weithiau.
Rydw i'n ... bob nos.**

24. Mynd i'r ysgol yn India - gwaith unigol

Rhaid cael taflen o'r we.
a. Rhaid darllen y darn am Biju yn y Llyfr Cwrs.

→ **TAITH IAITH ETO 5, TUD. 16**

b. Rhaid ticio'r atebion cywir.

25. Mynd i'r ysgol - gwaith unigol

Rhaid cael taflen o'r we.
a. Rhaid llenwi'r bylchau.
b. Gellid cymharu trefn ddyddiol Biju a threfn ddyddiol y disgyblion fel dosbarth a nodi'r prif bwyntiau ar y bwrdd gwyn, e.e.

> Mae Biju'n mynd i'r ysgol am ... ond rydw i'n /
> rydyn ni'n mynd i'r ysgol am ...

26. Beth wyt ti'n wneud bob dydd - gwaith pâr

Rhaid cael taflen o'r we.
a. Rhaid i'r disgyblion holi ei gilydd am ddiwrnod arferol ei gilydd.
b. Rhaid ateb.
c. Rhaid cofnodi'r atebion yn y grid.
ch. Rhaid ysgrifennu paragraff am ddiwrnod arferol partner.

Ar y diwedd, gellid cymharu diwrnod arferol y disgyblion er mwyn gweld pwy sy'n cael y diwrnod mwyaf cyffrous / diflas / diddorol ac ati.

27. Mynd i'r ysgol yn Japan - gwaith unigol

Rhaid cael taflen o'r we.
a. Rhaid darllen am ddiwrnod ysgol arferol Yoko yn Japan.

→ **TAITH IAITH ETO 5, TUD. 18-19**

b. Rhaid cysylltu'r clociau â'r brawddegau priodol.

28. Casglu bananas a hobïau eraill

Gellid darllen mwy am yr hobïau yma - ac am ddiddordebau eraill - yn y llyfrau *Hamddena*, cyfres Mater o Ffaith, CBAC.

29. Beth ydy dy ddiddordebau di? - gwaith grŵp

Rhaid cael taflen o'r we.
Rhaid i'r disgyblion ofyn ac ateb cwestiynau er mwyn llenwi'r grid.

SYLWER: Ceir dwy daflen ar gyfer **Gweithgaredd 29** gydag un ohonyn nhw'n cynnig mwy o her na'r llall. Rhaid dewis y daflen fwyaf priodol.

30. Hobi diddorol - gwaith unigol > gwaith grŵp

Rhaid cael taflen o'r we, y cryno ddisg a'r peiriant chwarae cryno ddisgiau neu gyfrifiadur.
Rhaid egluro'r sefyllfa. Mae Gruff yn gwneud cyflwyniad am hobi.
- a. Rhaid gwrando ar y cryno ddisg.
- b. Rhaid ysgrifennu'r manylion am hobi Gruff ar daflen **Gweithgaredd 30(1)**.
- c. Rhaid argraffu'r sgript. Rhaid darllen y sgript fel y mae i ddechrau ond wedyn, rhaid addasu'r sgript fel bod y disgyblion yn siarad am eu diddordebau nhw eu hunain. Gellid gwneud hyn yn ysgrifenedig i ddechrau, drwy ysgrifennu'r wybodaeth ar daflen **Gweithgaredd 30(2)**.
- ch. Yna, rhaid i'r disgyblion ddweud wrth eu partner / y grŵp am eu diddordeb.
- d. Rhaid i'r rhai sy'n gwrando lenwi ail grid ar daflen **Gweithgaredd 30(2)**.

31. Hoffwn i fynd i ... (1) - gwaith unigol > gwaith grŵp

Rhaid cael taflen o'r we.
- a. Rhaid darllen y disgrifiadau o wyliau.
- b. Rhaid i bob disgybl ddewis un o'r "gwyliau delfrydol" yma. Rhaid siarad am y lle ond rhaid peidio enwi'r lle.
- c. Rhaid i'r grŵp wrando'n astud a dyfalu ble mae'r lle.

32. Hoffwn i fynd i ... (2) - gwaith unigol > gwaith grŵp

Gellir defnyddio taflenni o'r we.
Rhaid i'r disgyblion siarad am ble hoffen nhw fynd ar "wyliau delfrydol".
- a. I ddechrau, dylen nhw baratoi nodiadau - ar daflen **Gweithgaredd 32(1)**.
  Gallan nhw ysgrifennu am rywle bydden nhw wir yn hoffi mynd
  neu
  os nad oes syniadau pendant gyda nhw, gallen nhw ddefnyddio'r syniadau ar daflen **Gweithgaredd 32(2)**.

- b. Yna, rhaid iddyn nhw siarad â'r grŵp. Dylid eu hannog i ddweud
  - ble
  - pryd
  - gyda pwy / efo pwy
  - sut
  - pam

- c. Rhaid i'r rhai sy'n gwrando ysgrifennu nodiadau ar daflen **Gweithgaredd 32(1)**.

33. Trefnu gwyliau - gwaith unigol

Rhaid cael taflen o'r we, y cryno ddisg a'r peiriant chwarae cryno ddisgiau neu gyfrifiadur.
Rhaid egluro'r sefyllfa. Mae Mr Richards wedi ennill y loteri, felly mae e'n mynd i drefnu gwyliau arbennig.
- a. Rhaid gwrando ar y cryno ddisg.
- b. Rhaid llenwi'r ffurflen.

SYLWER: Pwrpas **Gweithgareddau 34-35** ydy adolygu geirfa ac ymadroddion ar gyfer ysgrifennu cerdyn post. Cyflwynwyd y gwaith yn wreiddiol yn *Taith Iaith Eto 3*.

→ **TAITH IAITH ETO 3, TUD. 58-59**

34. Ar wyliau - gwaith grŵp

    a.   Mewn grŵp, rhaid rhestru 4 lle gwahanol ble mae'n bosib aros ar wyliau (e.e. fflat / byngalo / tŷ / carafán / pabell / gwesty). Ar ôl meddwl am 4, rhaid rhoi llaw i fyny er mwyn enwi'r lleoedd a chael pwynt.

    b.   Gellid dilyn yr un drefn ar gyfer adolygu
         4 disgrifiad o'r tywydd
         4 berf yn yr amser gorffennol
         2 ymadrodd i ddynodi beth fydd yn digwydd yn y dyfodol (mynd i / bydda i'n)
         y geiriau am *yesterday*, *today* a *tomorrow*.

35. Cerdyn post - gwaith unigol

Rhaid cael taflen o'r we.
Rhaid ysgrifennu cerdyn post.
Gellir ysgrifennu am rywle mae'r disgyblion wedi bod iddo ar eu gwyliau, gallan nhw ddychmygu eu bod yn anfon cerdyn o'u gwyliau delfrydol **(Gweithgareddau 31-32)** neu gallan nhw ysgrifennu am unrhyw le arall.

    SYLWER: Ceir dwy daflen ar gyfer **Gweithgaredd 35,** gydag un ohonyn nhw'n cynnig mwy o her na'r llall. Rhaid dewis y daflen fwyaf priodol.

36. Edrych yn ôl - gwaith unigol

Rhaid cael taflen o'r we.
Rhaid ysgrifennu am ymweliad â lle diddorol / gwyliau mewn lle diddorol.
Mae taflen HELP ar y we os oes angen help.

2. Gwaith ... Gwaith ... Gwaith

1. Hysbysebion - gwaith unigol

Rhaid cael taflen o'r we.
Rhaid egluro bod y lluniau yn y grid ar waelod y daflen yn rhai sydd i'w hychwanegu at yr hysbysebion a'r dasg yw dewis pa lun sy'n mynd gyda pha hysbyseb.
a. Rhaid darllen drwy'r hysbysebion.
b. Rhaid ysgrifennu'r llythrennau yn y grid - y llythrennau sy'n dynodi i ba hysbyseb mae'r lluniau'n perthyn.
c. Ar ddarn o bapur, rhaid gwneud hysbyseb am waith rhan amser yn yr ardal. Byddai hyn yn gyfle da i adolygu geiriau fel

> **gwesty**
> **siop**
> **banc**
> **pwll nofio**
> **tŷ bwyta**, ac ati.

➙ **TAITH IAITH ETO 2, TUD. 28**

2. Swyddi rhan amser - gwaith grŵp

Fel grŵp / dosbarth, gellid gwneud rhestr o leoedd lle mae'n bosib gweithio'n rhan amser yn yr ardal.
Byddai hyn yn gyfle da i adolygu

> **gweithio i**
> **gweithio gyda / efo**
> **gweithio mewn**
> **gweithio yn**

➙ **TAITH IAITH ETO 4, TUD. 15**

Gellid cyflwyno / adolygu

Mae rhai pobl yn gweithio'n rhan amser	**i**
Mae'n bosib gweithio'n rhan amser	**gyda / efo**
Rydw i'n gweithio'n rhan amser	**mewn**
	yn

3. Holiadur - gwaith grŵp

Rhaid cael taflen o'r we.
Rhaid gofyn ac ateb y cwestiynau er mwyn llenwi'r holiadur.

4. Pryd? - gwaith unigol > gwaith grŵp

Rhaid cael taflen o'r we.
a. Rhaid cysylltu'r swigod â'r amserau priodol.
b.-ch. Rhaid gofyn ac ateb cwestiynau er mwyn llenwi'r grid.

5. Faint? - gwaith unigol > gwaith grŵp

Rhaid cael taflen o'r we, y cryno ddisg a'r peiriant chwarae cryno ddisgiau neu gyfrifiadur.
Rhaid egluro'r sefyllfa. Yn y wers Gymraeg, mae Chris yn llenwi holiadur am waith rhan amser y grŵp.

- **a.** Rhaid gwrando ar y cryno ddisg.
- **b.** Rhaid llenwi'r grid.
- **c.** Rhaid darllen y sgript mewn parau.
- **ch.-dd** Rhaid defnyddio'r sgript yn dempled ar gyfer dod o hyd i wybodaeth am waith rhan amser dau berson yn y grŵp. Rhaid cofnodi'r wybodaeth yn y grid - yn y rhesi olaf.
- **e.** Rhaid cymharu gwybodaeth am wahanol ddisgyblion.

6. Gwaith rhan amser: hysbysebion - gwaith unigol > gwaith pâr > gwaith grŵp

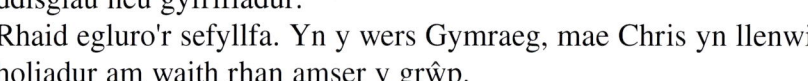

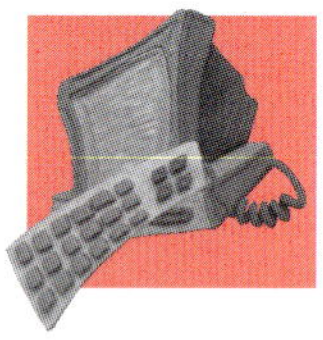

Rhaid cael taflen o'r we.

- **a.** Rhaid darllen yr hysbysebion.
- **b.** Rhaid llenwi'r grid.
- **c.** Rhaid darllen y sgwrs.
- **ch.-d.** Rhaid chwarae rôl - gellid gwneud hyn drwy newid y geiriau sy wedi eu tanlinellu yn y sgwrs (**c.**)
- **dd.-e.** Rhaid gofyn ac ateb cwestiynau er mwyn cofnodi gwybodaeth am bobl yn y grŵp. Dylid adolygu:

  Dydw i ddim yn gweithio.
  Dydw i ddim yn gweithio'n rhan amser.

  fel bod pawb yn gallu ateb yn onest.
- **f.** Rhaid cofnodi gwybodaeth am aelodau'r grŵp.

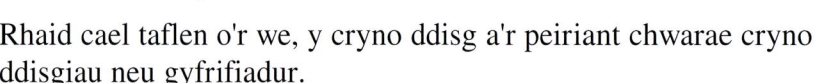

7. Wyt ti eisiau mynd allan? - gwaith unigol > gwaith grŵp

Rhaid cael taflen o'r we, y cryno ddisg a'r peiriant chwarae cryno ddisgiau neu gyfrifiadur.
Rhaid egluro'r sefyllfa. Mae Alys yn ffonio'i ffrindiau er mwyn ceisio trefnu i fynd allan nos Wener.
Rhaid gwrando ar y sgyrsiau fesul darn a llenwi gwybodaeth am y bobl ifanc fesul un.
Yna, rhaid darllen y sgript mewn grŵp.
Gellid creu sgwrs newydd os yw hynny'n briodol.

SYLWER: Mae tair sgwrs wahanol ar y cryno ddisg. Gellir gwrando ar y tair neu ar un neu ddwy ohonyn nhw - beth bynnag sydd fwyaf addas i'r grŵp.

8. Llythyrau i gylchgrawn - gwaith unigol

Rhaid cael taflen o'r we.
Rhaid egluro'r sefyllfa, sef bod y cylchgrawn IFANC wedi gwahodd pobl ifanc i ysgrifennu llythyrau am weithio'n rhan amser.
a. Rhaid darllen y llythyrau.
b. Rhaid ticio'r atebion cywir.
c. Rhaid ysgrifennu llythyr yn sôn am weithio'n rhan amser neu lythyr yn egluro bod y disgybl ddim yn gweithio'n rhan amser.

9. Beth nesaf? - gwaith grŵp

Rhaid cael taflen o'r we.
a. Rhaid gofyn y cwestiwn i bawb.
b. Rhaid rhoi tic ac enw gyferbyn â'r ateb priodol, e.e. os yw Emily'n dweud ei bod yn mynd i weithio, rhaid nodi hyn â thic + enw Emily

	✓
Rydw i'n mynd i fynd i'r coleg. Bydda i'n mynd i'r coleg.	
Rydw i'n mynd i weithio. Bydda i'n gweithio.	✓ Emily
Rydw i'n mynd i ddod yn ôl i Flwyddyn 12. Bydda i'n dod yn ôl i Flwyddyn 12.	
Dydw i ddim yn siŵr eto.	
Arall: beth	

c. Ar ôl gorffen, rhaid cymharu nifer y ticiau ar gyfer pob opsiwn a nodi'r canfyddiadau ar y bwrdd gwyn, e.e.

Mae 5 o'r dosbarth yn mynd i ...
Bydd 10 o'r dosbarth yn ...

10. Ffonio am wybodaeth a ffurflen gais - gwaith pâr

Rhaid cael taflen o'r we.
Rhaid darllen yr hysbyseb yn y Llyfr Cwrs, sydd, hefyd, ar daflen **Gweithgaredd 10(2)**.

→ **TAITH IAITH ETO 5, TUD. 33**

a. Rhaid darllen y sgwrs ar Daflen **Gweithgaredd 10(1)** fel y mae.
b. Yna, rhaid darllen y sgwrs ddwy waith eto, gyda'r disgyblion yn chwarae'r ddwy rôl ac yn addasu'r sgwrs drwy newid y geiriau sy wedi eu tanlinellu.
c. Rhaid mynd drwy'r hysbysebion ar daflen **Gweithgaredd 10(2)** eto.
ch. Mewn parau, rhaid i'r disgyblion ffonio ei gilydd i ofyn am brospectws neu ffurflen gais.

SYLWER: Ceir gweithgareddau isod ar lenwi ffurflen gais / CV / llythyr cais. Dylid dewis y gweithgareddau mwyaf priodol i'r disgyblion.

11. Llenwi ffurflen gais - gwaith unigol

Rhaid cael taflen o'r we.
Rhaid llenwi'r ffurflen.

12. Ysgrifennu CV - gwaith unigol

Rhaid cael taflen o'r we a rhaid ysgrifennu CV.

13. Llythyr cais - gwaith unigol

Rhaid cael taflen o'r we.
Rhaid ysgrifennu llythyr cais am swydd neu gwrs arbennig.
Mae taflen HELP ar y we.

14. Cwestiynau - gwaith unigol > gwaith grŵp

Rhaid defnyddio'r geiriau cwestiwn yn y Llyfr Cwrs i lunio cymaint o gwestiynau â phosib.

→ **TAITH IAITH ETO 5, TUD. 37**

Gellid cynnal cystadleuaeth yma, sef gweld pa grŵp sy'n gallu llunio'r nifer mwyaf o gwestiynau yn seiliedig ar air arbennig, rhoi marc i'r tîm hwnnw. Yna, gofyn am gwestiynau yn seiliedig ar air arall, rhoi marc i'r tîm sy'n llunio'r nifer mwyaf o gwestiynau ac yn y blaen, gan adio'r marciau ar y diwedd ar ôl ymdrin â phob gair er mwyn gweld pa dîm sy'n ennill.

Gellid parhau â'r gystadleuaeth hefyd drwy ofyn i'r timau ofyn y cwestiynau i'w gilydd. Gellir rhoi marc os yw timau'n llwyddo i ateb y cwestiynau'n gywir.

15. Cyfweld - gwaith pâr

Rhaid cael taflen o'r we.
Rhaid i barau gyfweld ei gilydd.
Wrth gyfweld ei gilydd, dylai'r cyfwelydd gofnodi yn y grid wybodaeth am yr un sy'n cael ei gyfweld.

16. Ti > Chi - gwaith unigol

Rhaid cael taflen o'r we.
Rhaid egluro y byddai rhai paneli cyfweld yn dewis defnyddio'r ffurfiau **CHI** yn hytrach na **TI**, gan fod cyfweliad yn sefyllfa ffurfiol. Felly, er mwyn adolygu'r rhain, dylid newid pob un o'r ffurfiau **TI** yn y cwestiynau yn y golofn gyntaf yn ffurfiau **CHI**.

17. Cyfweliad - gwaith unigol > gwaith grŵp

Rhaid cael taflen o'r we, y cryno ddisg a'r peiriant chwarae cryno ddisgiau neu gyfrifiadur.
Rhaid egluro'r sefyllfa. Mae Dafydd yn cael cyfweliad am swydd 'wahanol' iawn.
- a. Rhaid gwrando ar y cryno ddisg.
- b. Rhaid llenwi'r bylchau yn y ffurflen.
- c. Rhaid ceisio dyfalu beth ydy'r gwaith. Rhaid gwrando eto ar y cryno ddisg er mwyn nodi'r cliwiau yn y bocs yn **c**. Yna, rhaid dyfalu - rhaid i athrawon dderbyn cynigion Saesneg, gan fod y gair Cymraeg yn anghyfarwydd. Mae llun o'r swydd i'w weld ar daflen **Gweithgaredd 17(2)**.
- ch. Rhaid darllen drwy'r sgript.
- d. Gellid gwneud sgyrsiau newydd yn seiliedig ar y sgript yma.

3. Pethau Pwysig?

1. Beth wyt ti'n wneud ar y ffôn symudol? - gwaith unigol > gwaith pâr

Rhaid cael taflen o'r we, y cryno ddisg a'r peiriant chwarae cryno ddisgiau neu gyfrifiadur.
Rhaid egluro'r sefyllfa. Mae Rob wedi cael ffôn symudol newydd ac felly mae e a Ceri'n trafod ffonau symudol.
- **a.** Rhaid gwrando ar y cryno ddisg.
- **b.** Rhaid ticio'r atebion cywir.
- **c.-ch.** Rhaid argraffu'r sgript. Yn gyntaf, rhaid darllen y sgript fel y mae, ond wedyn rhaid ei haddasu fel bod y disgyblion yn siarad amdanyn nhw eu hunain.
- **d.-dd.** Rhaid ateb y cwestiynau.

2. Fy ffôn symudol i - gwaith unigol > gwaith grŵp

Rhaid cael taflenni o'r we.
- **a.** Rhaid i'r disgyblion lenwi'r holiadur am eu ffonau symudol.
- **b.** Yna, rhaid trafod eu ffonau symudol. Mae taflen HELP ar y we i helpu'r drafodaeth yma, taflen **Gweithgaredd 2(2)**.

3. Prynu ffôn symudol - gwaith unigol > gwaith pâr

Rhaid cael taflen o'r we, y cryno ddisg a'r peiriant chwarae cryno ddisgiau neu gyfrifiadur.
Rhaid egluro'r sefyllfa. Mae Adam yn mynd i siop ffonau symudol i brynu ffôn newydd.
- **a.** Rhaid gwrando ar y cryno ddisg.
- **b.** Rhaid ticio'r atebion cywir.
- **c.** Rhaid argraffu'r sgript. Yn gyntaf, rhaid darllen y sgript fel y mae, ond wedyn rhaid ei haddasu.

4. Dewis ffôn symudol - gwaith unigol > gwaith grŵp

Rhaid cael taflen o'r we.
- **a.** Gellid dod â hysbysebion ffonau symudol i'r wers, eu trafod ac yna gofyn i unigolion edrych yn fanwl arnyn nhw er mwyn dewis yr un gorau iddyn nhw.
- **b.** Rhaid dewis ffôn symudol, gan roi rhesymau dros ddewis un ffôn yn arbennig.
- **c.** Rhaid trafod eu dewis mewn grŵp, gan egluro pam maen nhw wedi dewis un arbennig. Mae taflen HELP ar y we.
- **ch.** Gellid cymharu syniadau er mwyn gweld oes un ffôn yn fwy poblogaidd na'r rhai eraill sy'n cael eu hysbysebu.

5. I beth wyt ti wedi defnyddio'r cyfrifiadur? - gwaith pâr

Rhaid cael taflen o'r we.
- a. Rhaid darllen y sgwrs gyda phartner.
- b. Rhaid gwneud sgwrs newydd - naill ai drwy newid y geiriau sy wedi eu tanlinellu, neu wneud sgwrs newydd sbon.

6. Pa mor aml? - gwaith pâr

Rhaid cael taflen o'r we.
Rhaid gofyn ac ateb y cwestiwn er mwyn llenwi'r holiadur.

7. Llythyr - gwaith unigol

Rhaid cael taflen o'r we.
Rhaid egluro'r cyd-destun, sef bod cylchgrawn cyfrifiaduron wedi gwahodd pobl ifanc i ysgrifennu atyn nhw i ddweud pa mor aml ac i beth maen nhw'n defnyddio'r cyfrifiadur. Gan mai llythyr mewn cylchgrawn yw hwn, dylid pwysleisio nad oes cyfeiriad na dyddiad ar y llythyr gan nad yw cylchgronau'n cyhoeddi'r manylion hyn fel arfer.

- a. Rhaid darllen y llythyr ar y daflen.
- b. Rhaid ateb y cwestiynau.
- c. Rhaid ysgrifennu llythyr newydd. Gellid naill ai ddilyn templed y llythyr ar daflen **Gweithgaredd 7(1)**, llenwi'r manylion yn y llythyr ar y daflen **Gweithgaredd 7(2)** neu wneud llythyr newydd sbon.

8. Pa mor aml? - gwaith grŵp

Rhaid cael taflen o'r we.
Rhaid gofyn ac ateb y cwestiwn er mwyn llenwi'r holiadur.
Yna, gellid cymharu canfyddiadau'r grwpiau er mwyn gweld
- faint sy'n gwylio'r teledu bob nos
- faint sy ddim yn gwylio'r teledu'n aml
- pwy sy'n treulio'r nifer mwyaf o oriau o flaen y teledu

ac ati.

9. Mathau o raglenni - gwaith grŵp

Rhaid cael taflen o'r we.
- a. Mewn grŵp, rhaid meddwl am enwau rhaglenni ar gyfer pob **math** o raglen yng Ngholofn 1. Rhaid ysgrifennu'r enwau yng Ngholofn 2.
- b. Rhaid trafod pa fathau / pa raglenni mae'r grŵp yn mwynhau.

10. Arolwg - gwaith unigol > gwaith grŵp

Rhaid cael taflen o'r we, y cryno ddisg a'r peiriant chwarae cryno ddisgiau neu gyfrifiadur.
Rhaid egluro'r sefyllfa, sef bod Mr Pryce yn gwneud arolwg i weld pa mor aml mae pobl ifanc yn gwylio'r teledu a beth maen nhw'n ei wylio.
- a. Rhaid gwrando ar y cryno ddisg.
- b. Rhaid ysgrifennu'r atebion cywir yn y grid.
- c. Rhaid argraffu'r sgript. Yn gyntaf, rhaid darllen y sgript fel y mae, ond wedyn rhaid ei haddasu.

11. Llythyrau - gwaith unigol

Rhaid cael taflen o'r we.
Rhaid egluro cyd-destun y gweithgaredd, sef bod y cylchgrawn IFANC wedi gofyn i bobl ifanc ysgrifennu llythyrau i'r cylchgrawn yn sôn am wylio'r teledu.
- a. Rhaid darllen llythyr Chris.
- b. Rhaid ysgrifennu am Chris.
- c. Rhaid darllen llythyr Lyn.
- ch. Rhaid ysgrifennu am Lyn.
- d. Rhaid cofnodi sut mae Chris a Lyn yn debyg.
- dd. Rhaid cofnodi sut mae Chris a Lyn yn wahanol.
- e. Rhaid i'r disgybl ysgrifennu amdano'i hun.

12. Hoff raglen - gwaith grŵp

Rhaid cael taflen o'r we.
Rhaid gofyn ac ateb y cwestiwn er mwyn llenwi'r grid.
Yna, gellid cymharu canfyddiadau fel dosbarth i weld beth ydy hoff raglen y dosbarth.

13. Adolygiad - gwaith unigol

Rhaid ysgrifennu adolygiad syml o hoff raglen deledu.
Mae taflen HELP ar y we.

SYLWER: Bydd angen adolygu'r amser cyn gwneud **Gweithgaredd 14**. Mae nifer o weithgareddau'n ymwneud ag amser yn *Taith Iaith 1-4*. Gellir ailymweld â rhai o'r gweithgareddau hynny os oes angen gwaith pellach ar yr amser.

14. Beth sy ar y teledu heno? - gwaith unigol

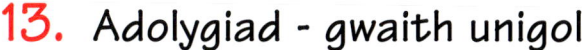

Rhaid cael taflen o'r we, y cryno ddisg a'r peiriant chwarae cryno ddisgiau neu gyfrifiadur.
Rhaid egluro'r sefyllfa - ar y cryno ddisg mae cyflwynydd yn egluro beth sy ar y teledu heno.
- a. Rhaid gwrando ar y cryno ddisg.
- b. Rhaid llenwi'r grid.

15. Rhaglenni S4C - gwaith grŵp

Ar gyfer y gweithgaredd yma, dylai'r disgyblion wylio darnau o raglenni S4C.
Yna, gallai grwpiau drafod y rhaglenni ac ysgrifennu amdanyn nhw ar y daflen ar y we.
Dylid eu hannog i fynegi barn am y rhaglenni hefyd.
Mae help ar y daflen ar y we.

16. Teledu lloeren - gwaith unigol > gwaith pâr

Rhaid cael taflen o'r we.
- a. Rhaid ail-drefnu'r llythrennau i greu mathau o sianeli lloeren.
- b.-c. Rhaid ateb y cwestiynau.
- ch. Rhaid gofyn y cwestiynau i bartner.
- d. Rhaid llenwi'r grid.
- dd. Gellid wedyn gymharu'r canfyddiadau er mwyn gweld pa sianel yw'r fwyaf poblogaidd / lleiaf poblogaidd ac ati.

17. Teledu lloeren - mynegi barn - gwaith grŵp

Rhaid cael taflen o'r we.
a. Rhaid mynd o gwmpas y grŵp / dosbarth yn dweud y gosodiadau wrth wahanol ddisgyblion er mwyn dod o hyd i ddisgybl sy'n cytuno gyda gosodiad penodol. Bydd y disgybl hwnnw'n llofnodi'r grid wrth ochr y gosodiad.
b. Rhaid mynegi barn am deledu lloeren.

18. Hysbysebion - gwaith grŵp

Ar gyfer y gweithgaredd yma, dylai'r disgyblion wylio hysbysebion a'u trafod, e.e..

Rydw i'n hoffi'r hysbyseb am ... achos ...
Mae'r hysbyseb am ... yn dda iawn achos ...

Gellid wedyn symud ymlaen at drafod hoff hysbyseb fel grŵp.

19. Gwneud hysbyseb - gwaith unigol > gwaith grŵp

Ar ôl adolygu iaith addas ar gyfer hysbysebion, gellid gofyn i'r disgyblion lunio hysbysebion syml i werthu rhywbeth. Gellid recordio'r hysbysebion yma.

20. A dyma'r newyddion (1) - gwaith unigol

Rhaid cael taflen o'r we, y cryno ddisg a'r peiriant chwarae cryno ddisgiau neu gyfrifiadur.
Rhaid egluro'r sefyllfa: ar y cryno ddisg mae bwletin newyddion.
a. Rhaid gwrando ar y cryno ddisg.
b. Rhaid ticio'r atebion cywir.

21. A dyma'r newyddion (2) - gwaith unigol

Rhaid cael taflen o'r we, y cryno ddisg a'r peiriant chwarae cryno ddisgiau neu gyfrifiadur.
Rhaid egluro'r sefyllfa: ar y cryno ddisg mae bwletin newyddion.
a. Rhaid gwrando ar y cryno ddisg.
b. Rhaid ticio'r atebion cywir.

22. Pa fath o ffilmiau? - gwaith grŵp

Rhaid cael taflen o'r we. Rhaid gofyn ac ateb y cwestiwn er mwyn llenwi'r holiadur. Gellid wedyn gymharu'r canfyddiadau er mwyn gweld pa fath o ffilm sydd fwyaf poblogaidd yn y dosbarth / faint o ddisgyblion sy'n mwynhau'r gwahanol gategorïau.

23. Hoff ffilm - gwaith unigol

Rhaid ysgrifennu adolygiad o hoff ffilm. Mae taflen HELP ar y we.
Yna, ar ôl gwneud hyn, gallai'r disgyblion drafod eu hoff ffilmiau.

24. Y pethau pwysicaf

Yn y llyfr cwrs, mae rhestr o bethau pwysig. → **TAITH IAITH ETO 5, TUD. 54-55**

Mae'r disgyblion wedi ymdrin â phob un o'r rhain yn Gymraeg yn TAITH IAITH ETO 1-5. Er mwyn eu hadolygu, gellid ailymweld â rhai o'r gweithgareddau perthnasol yn *Taith Iaith Eto 1-5*.